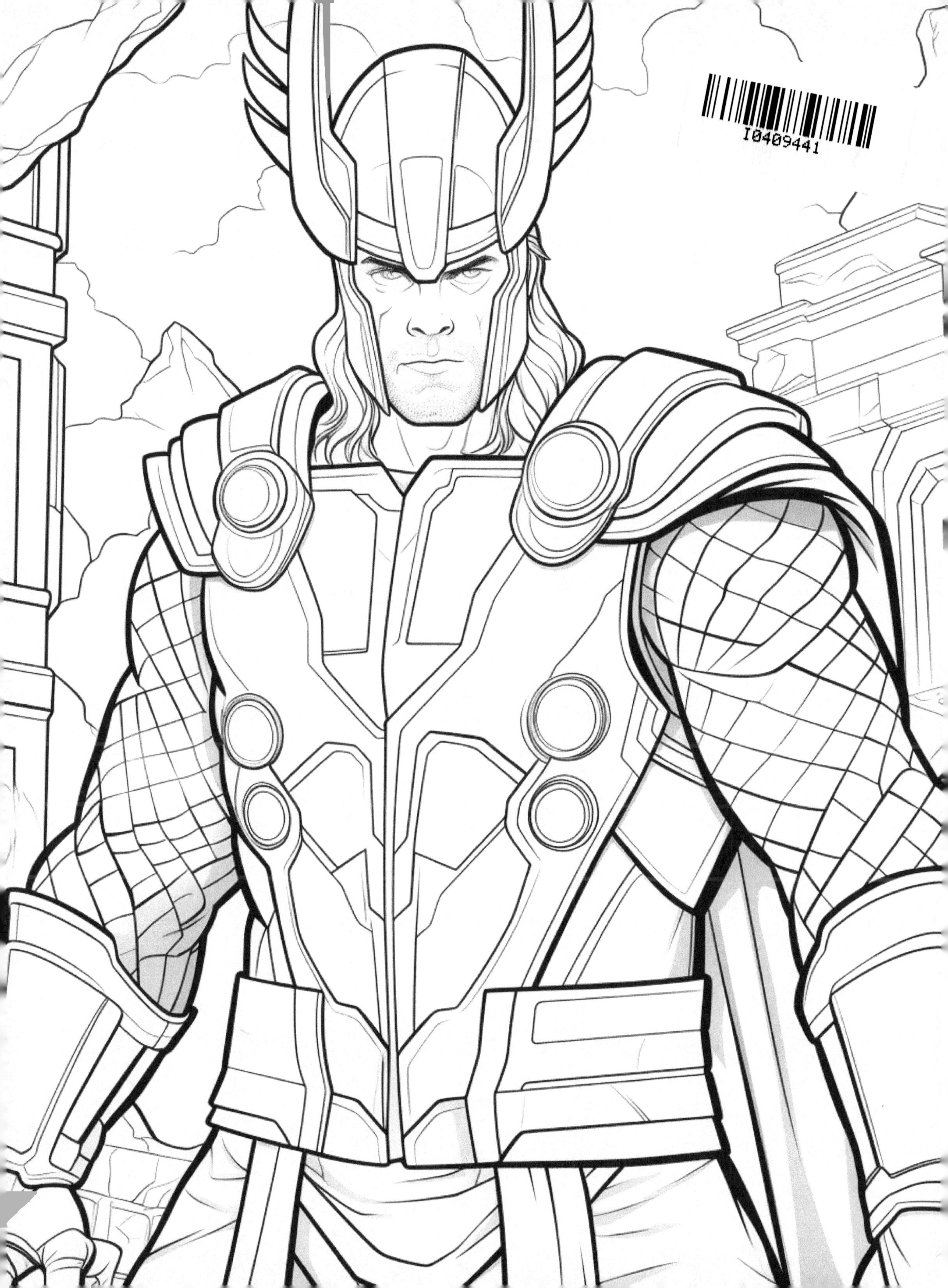

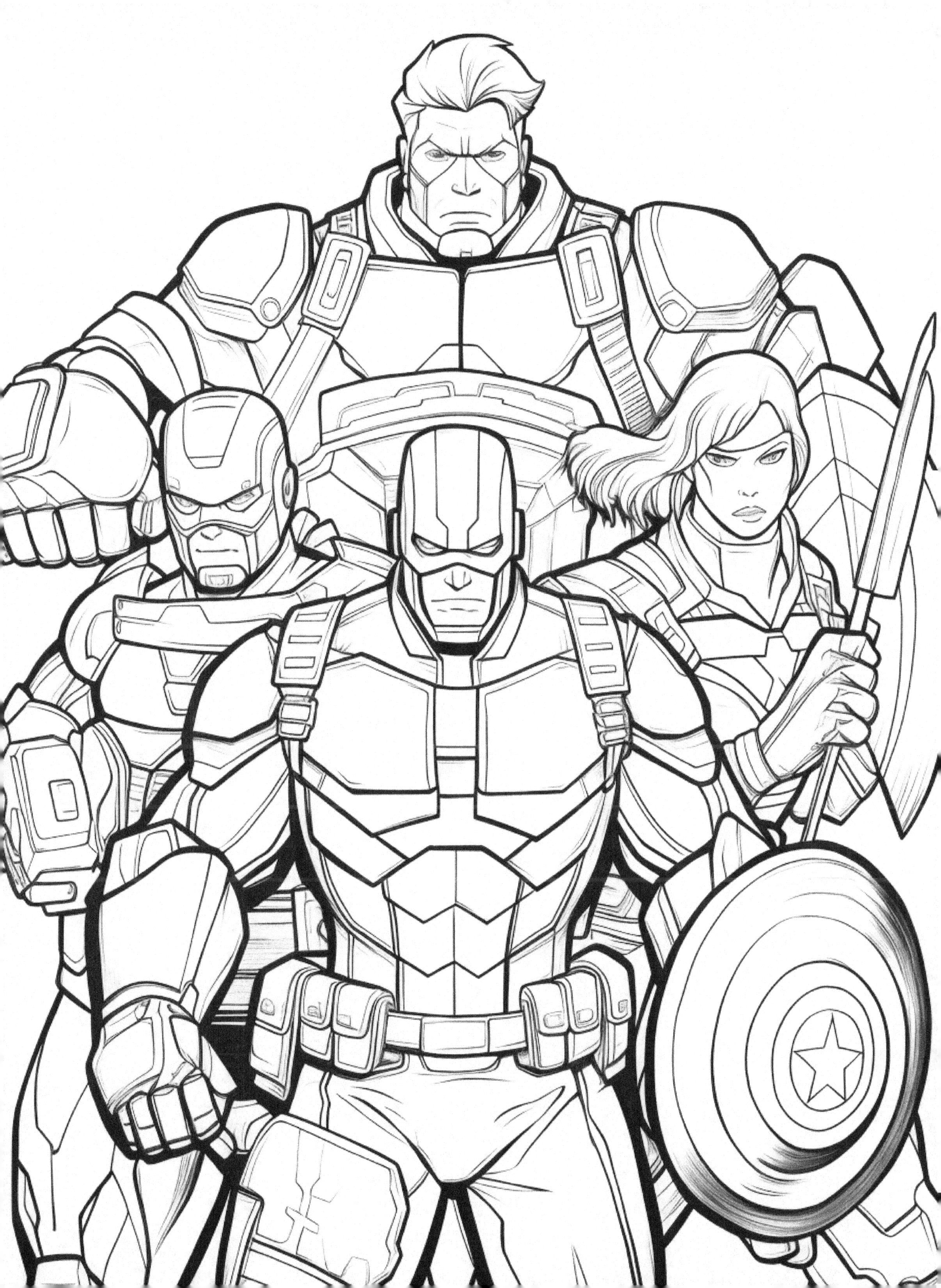

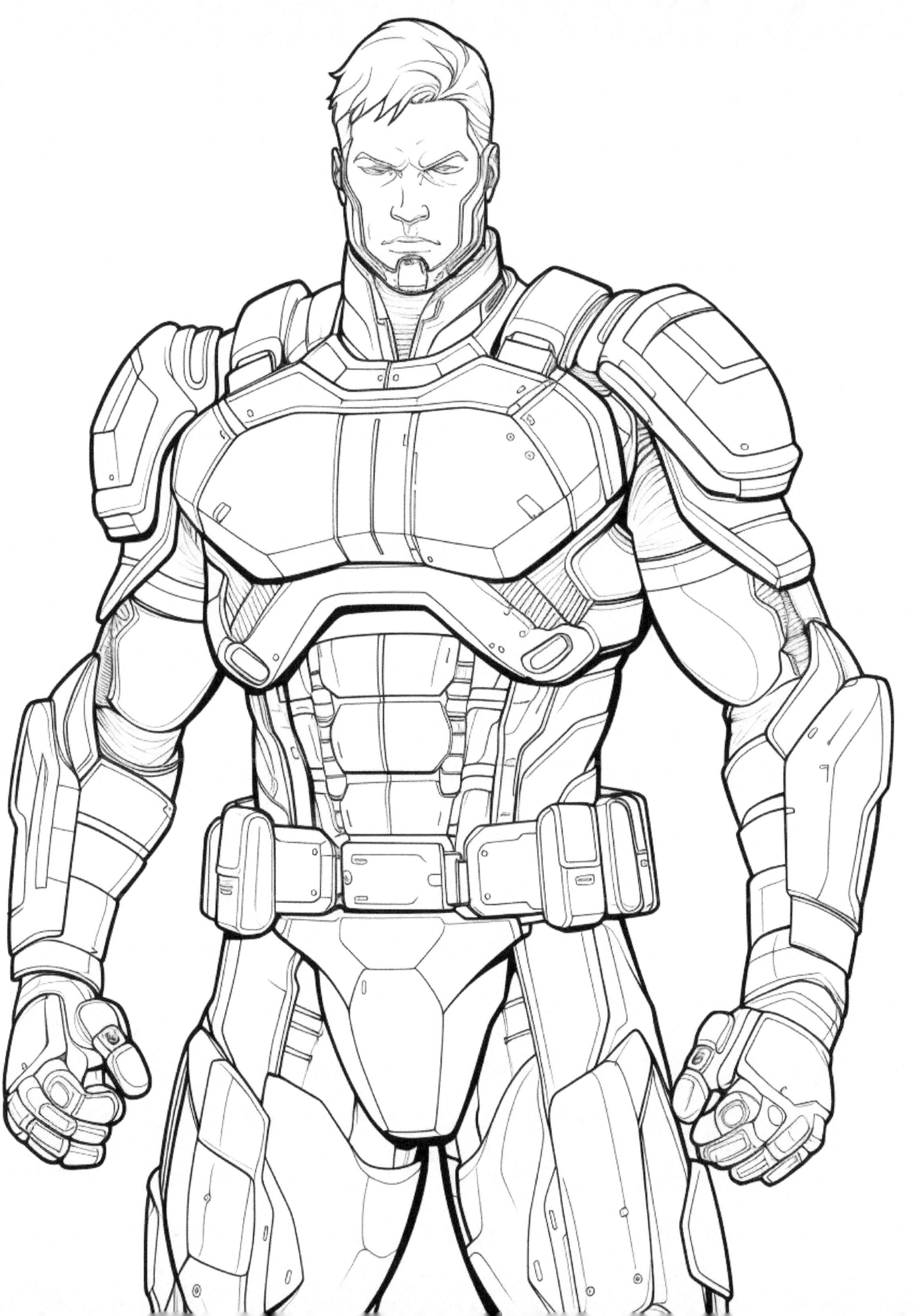

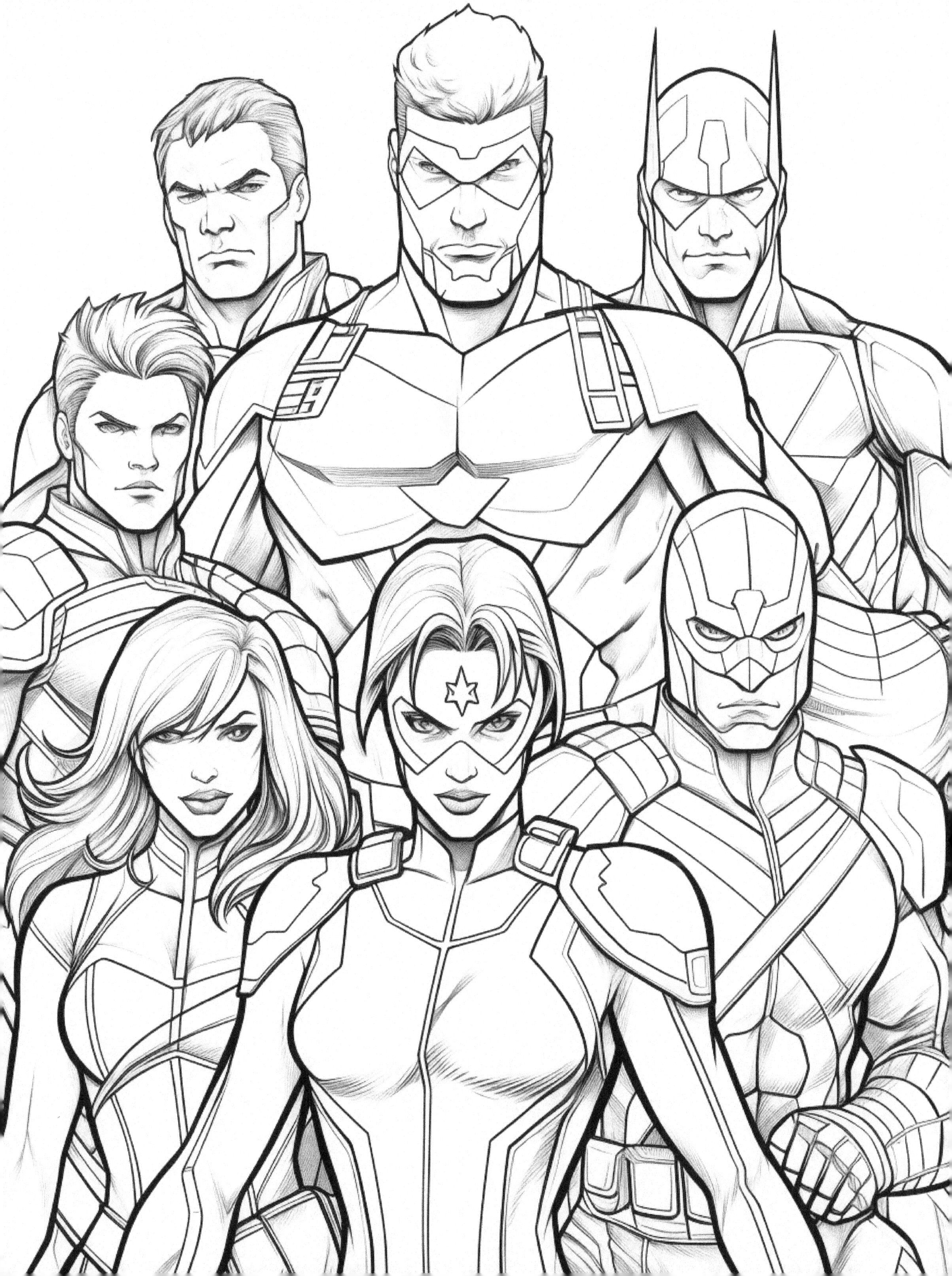

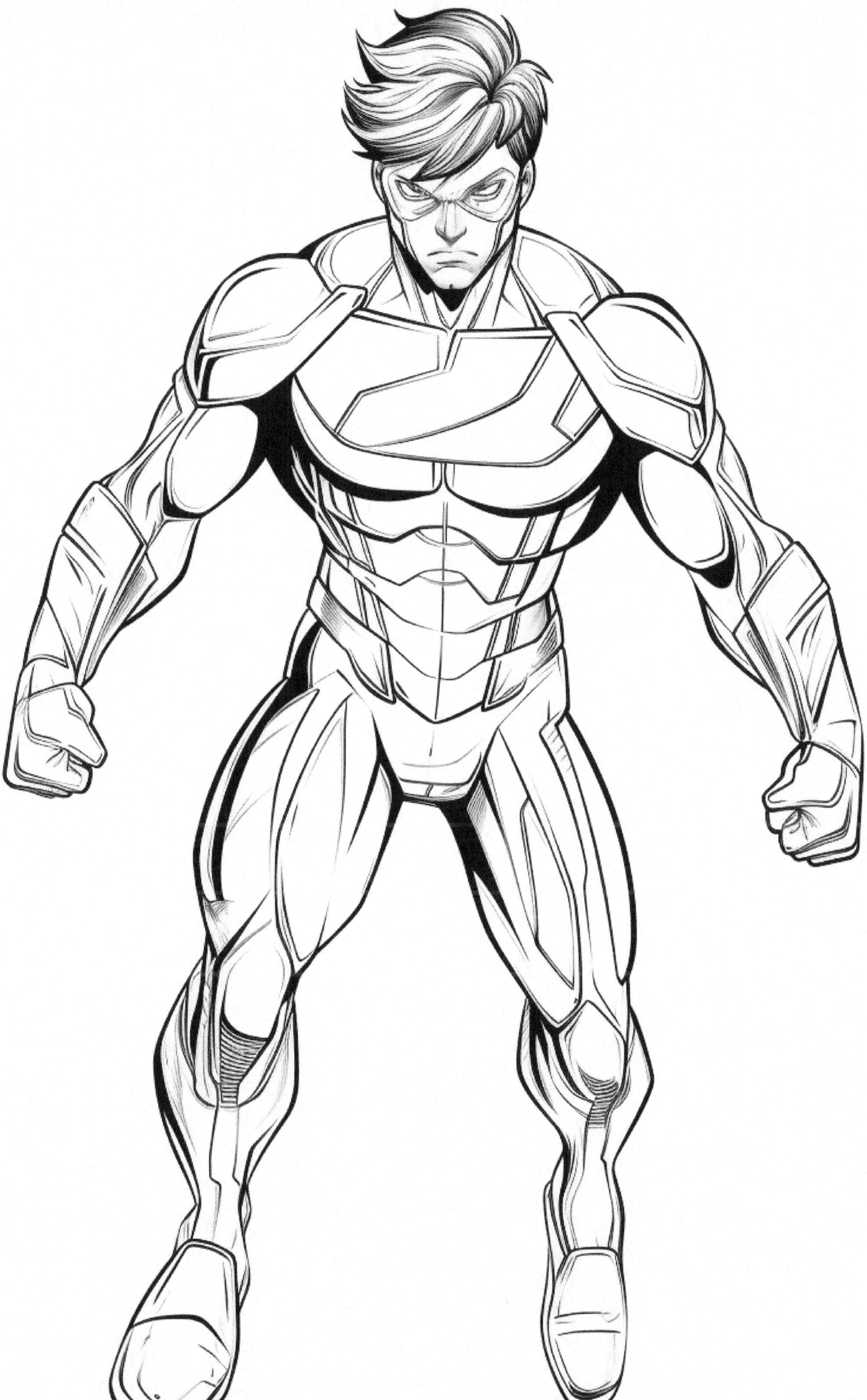

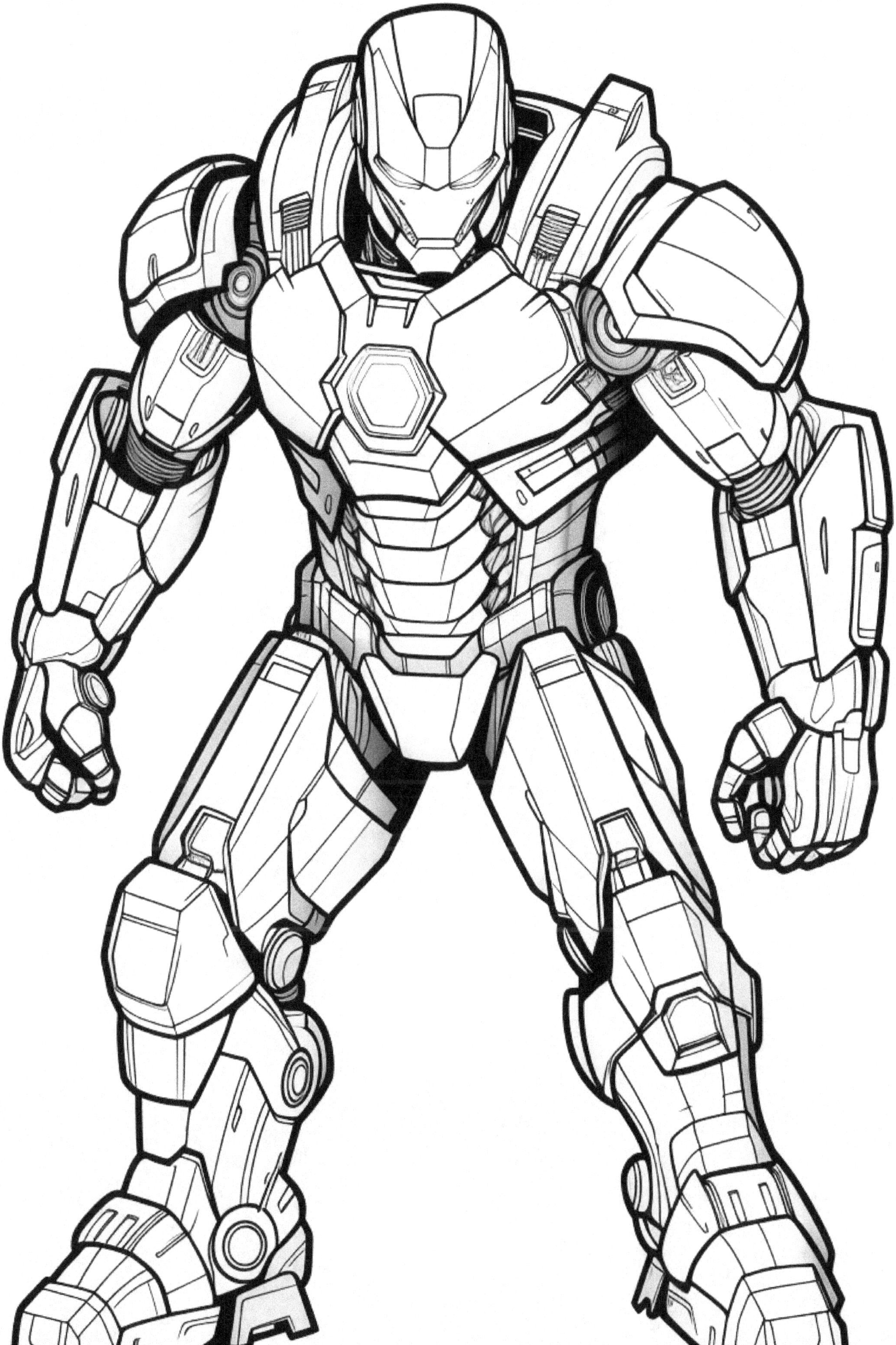

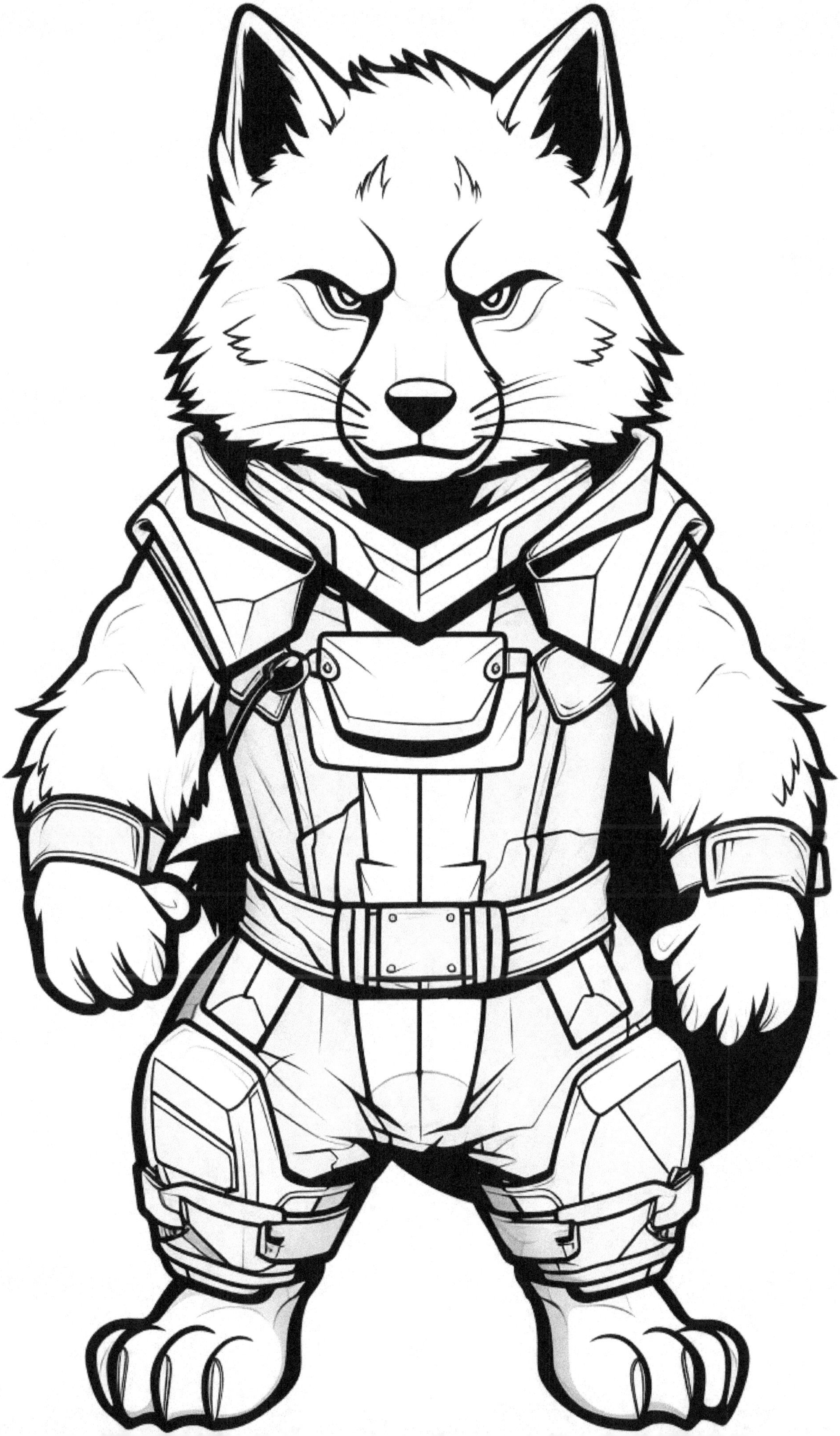

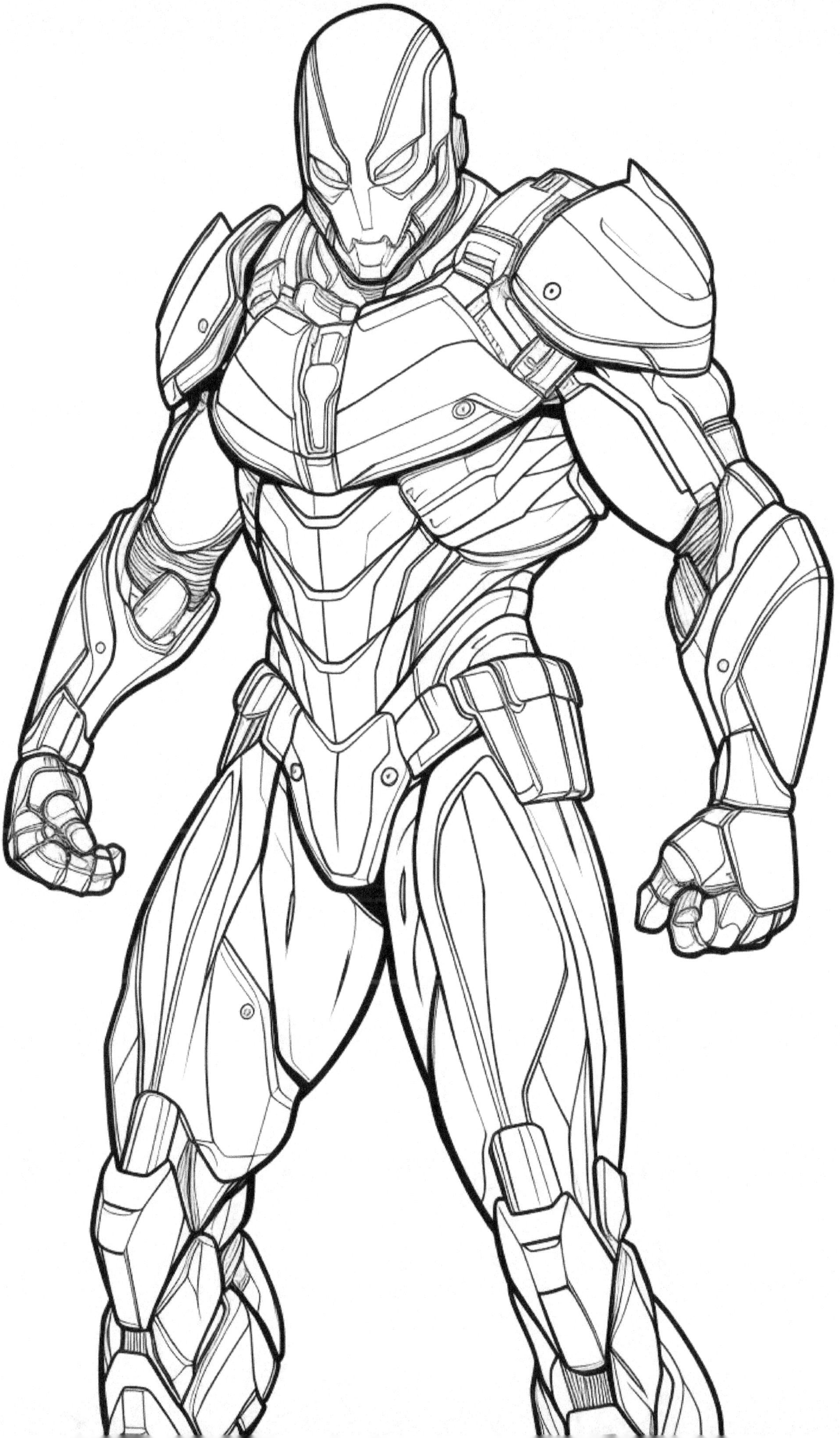

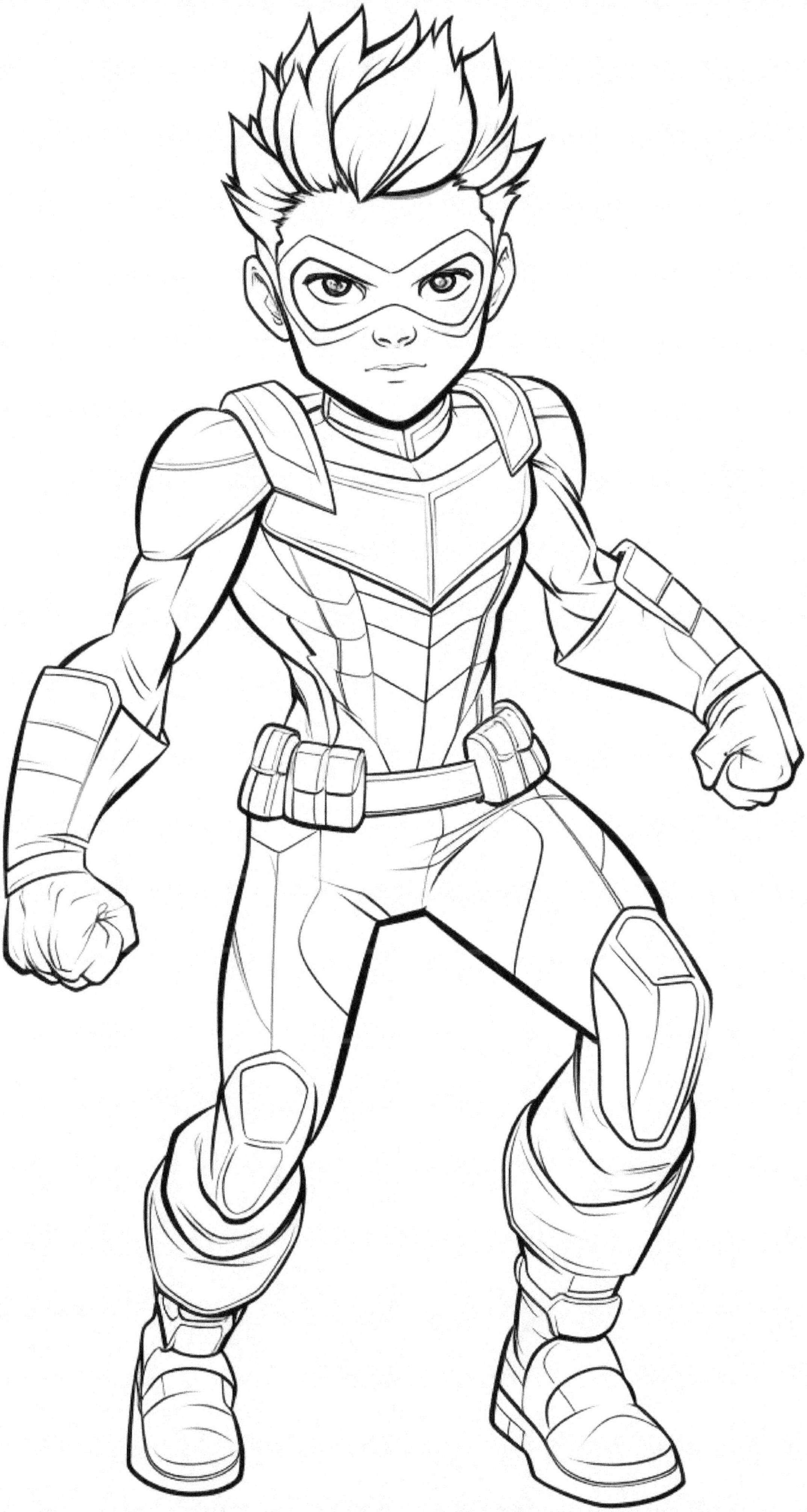

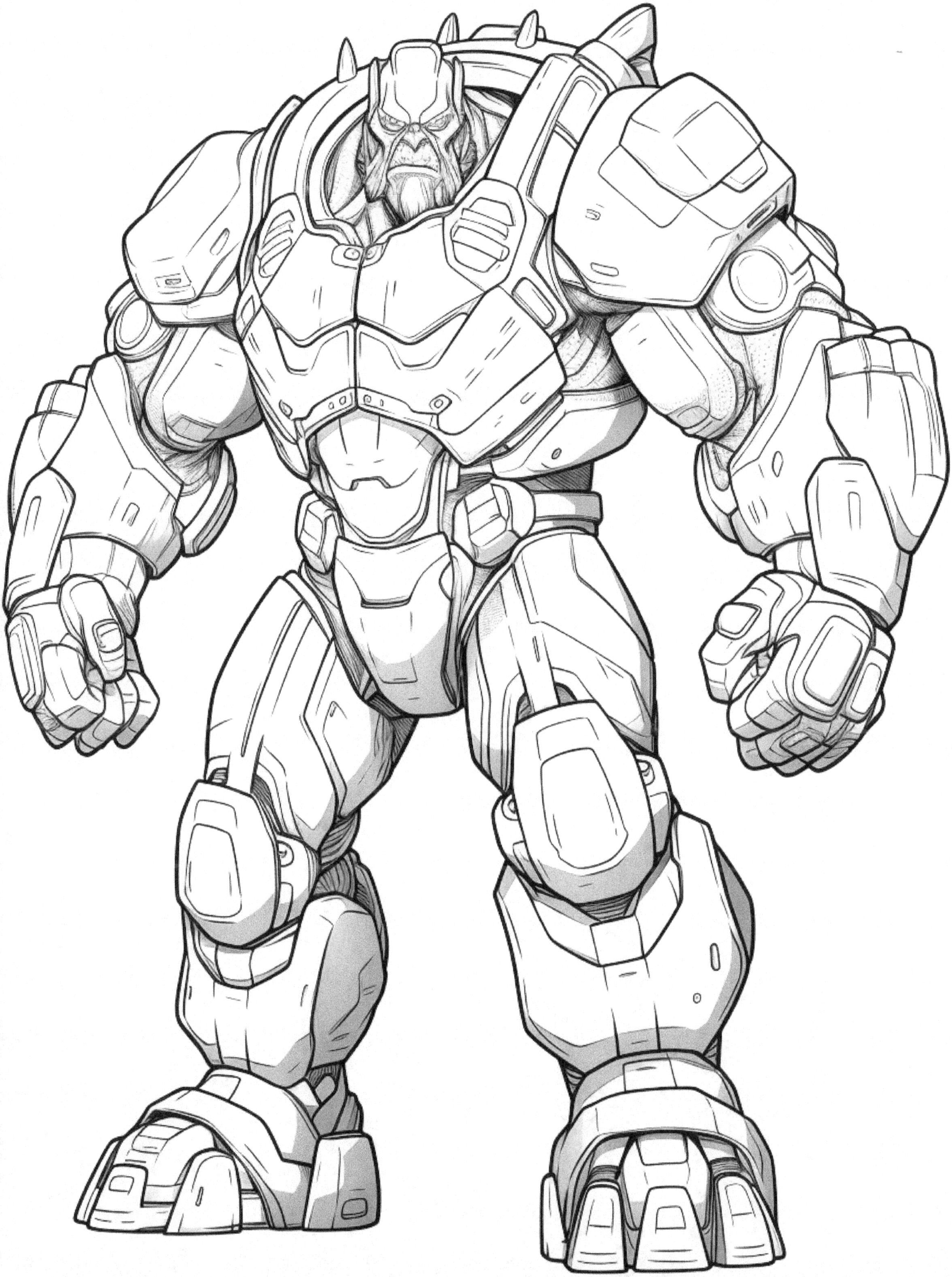

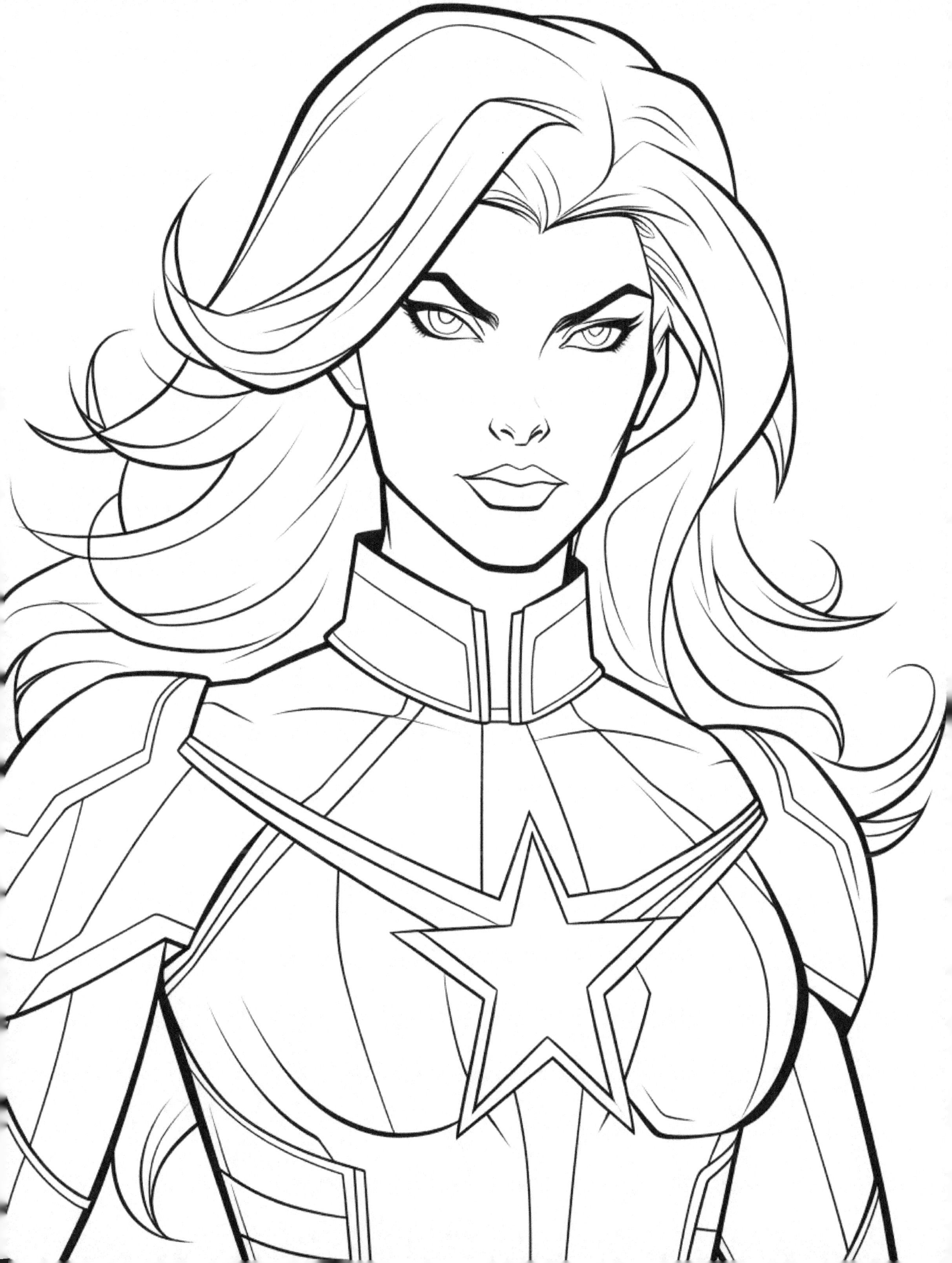

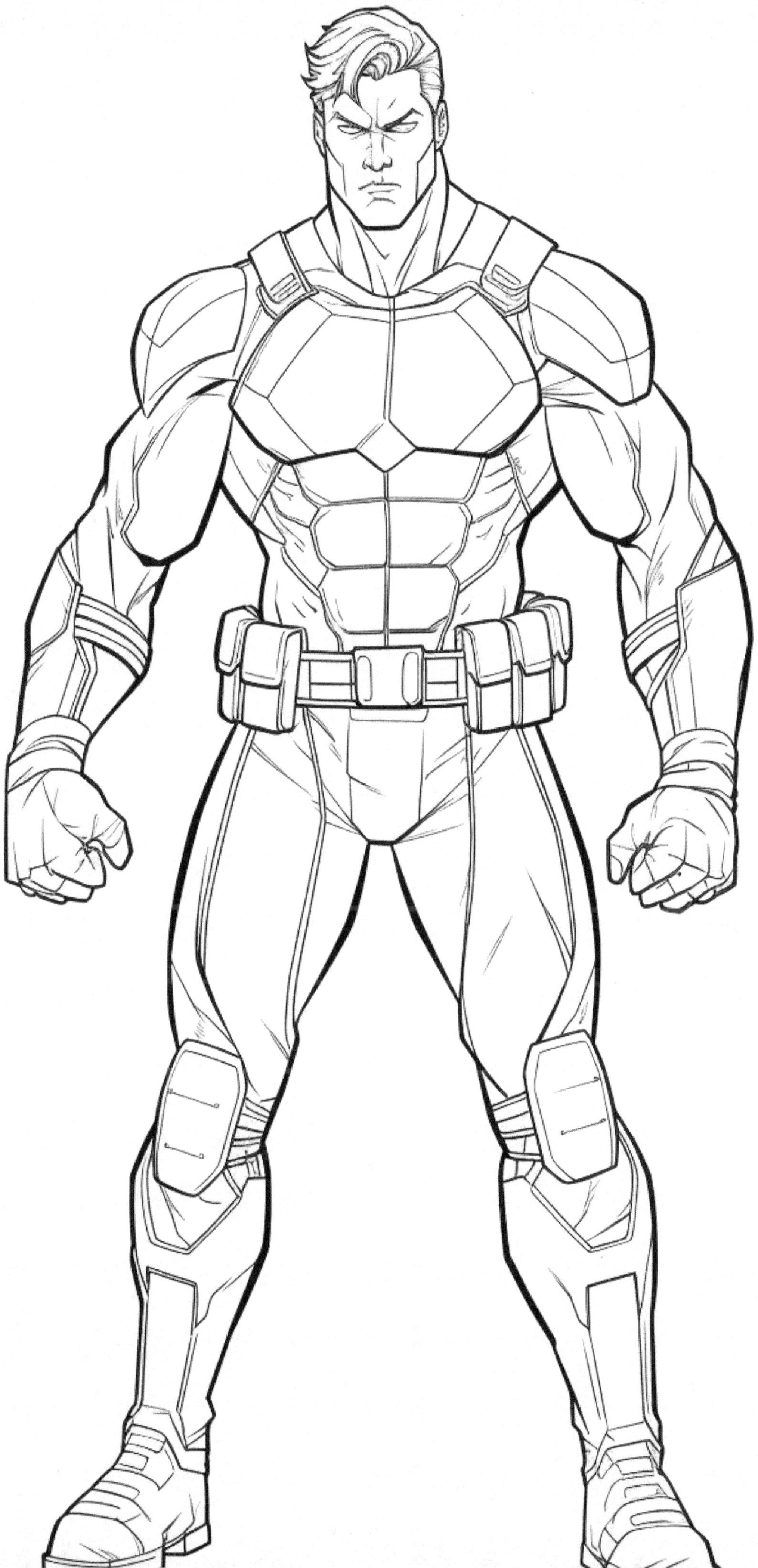

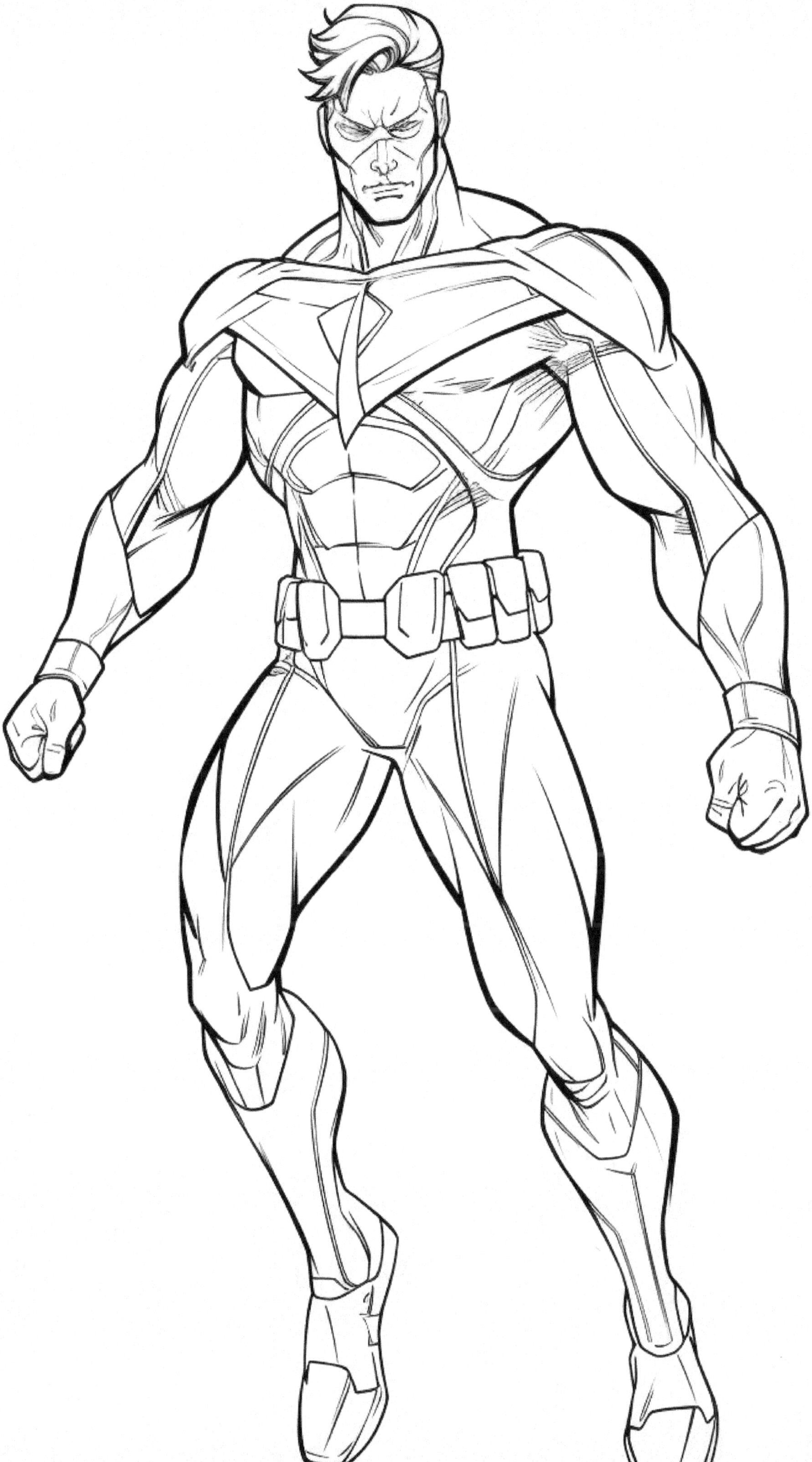

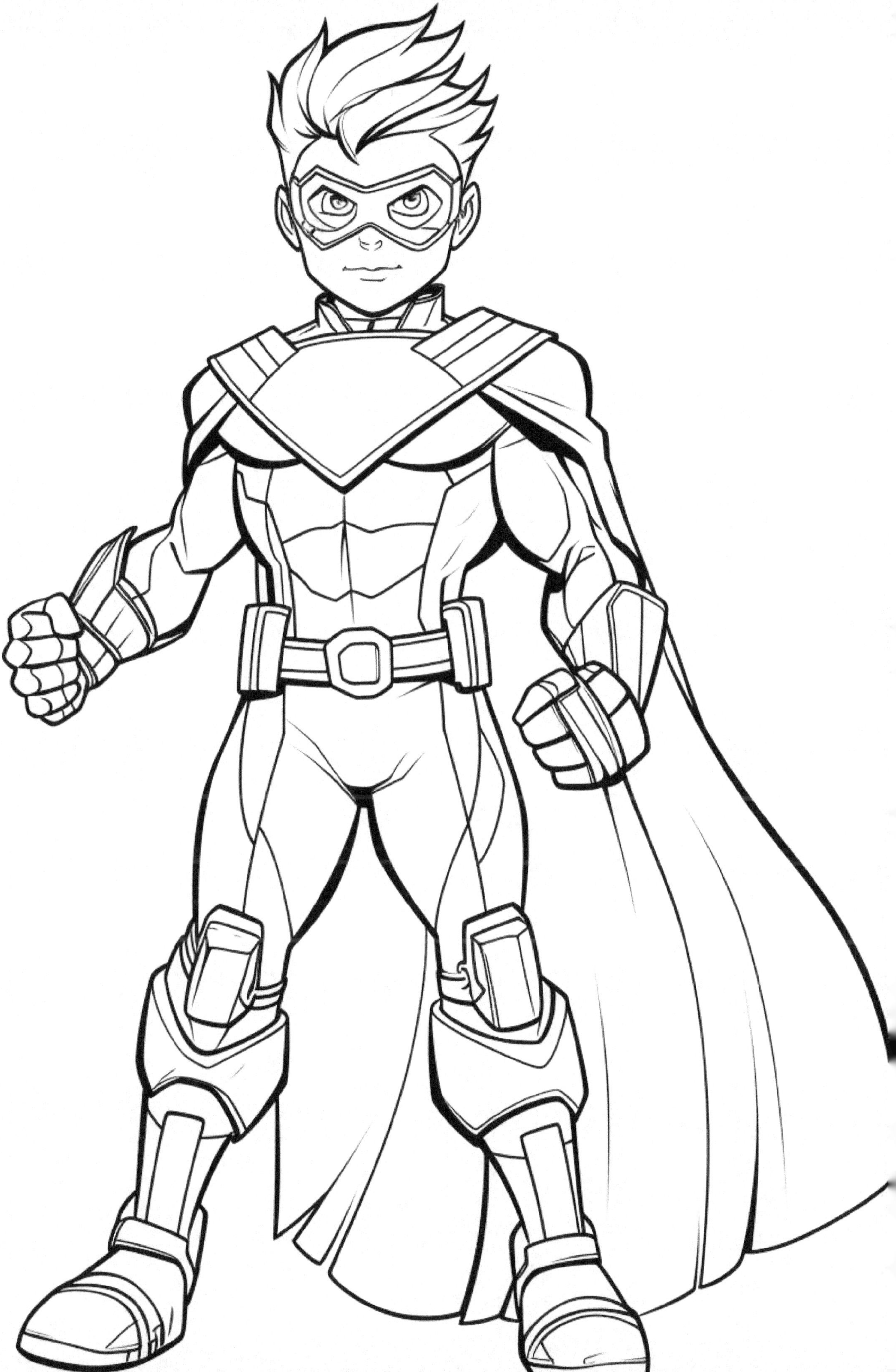

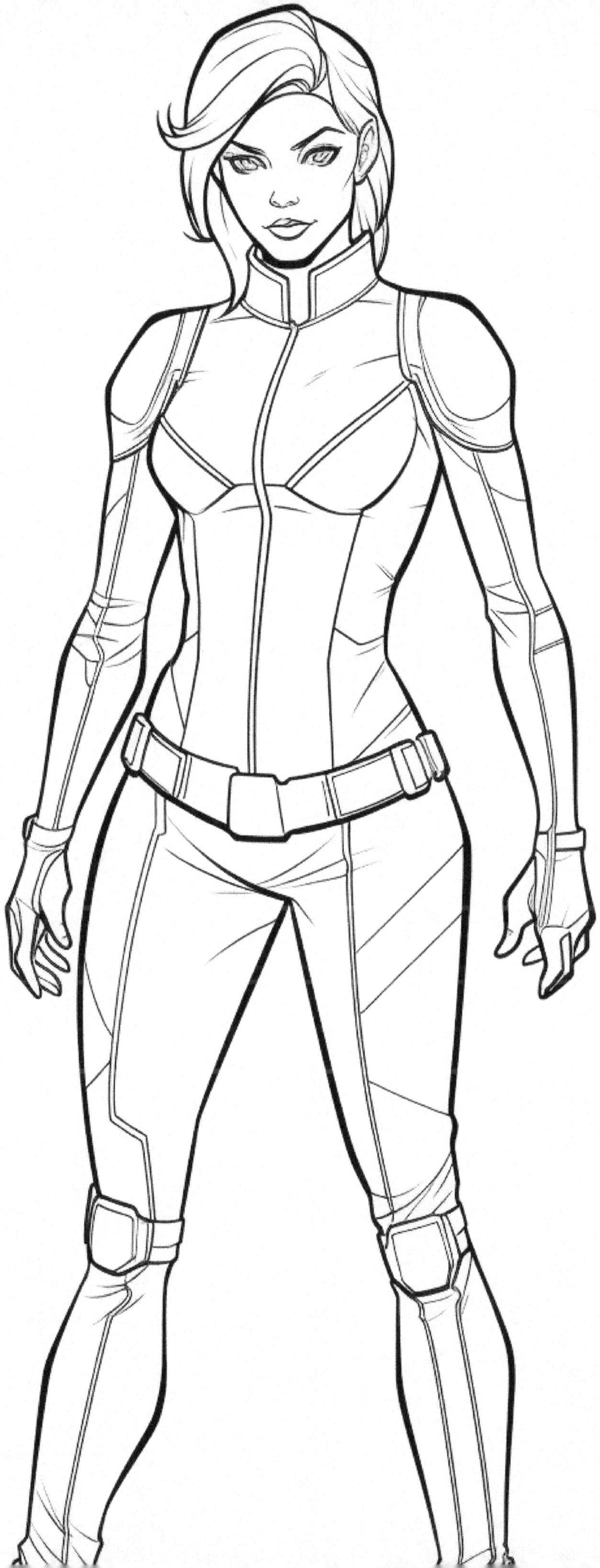

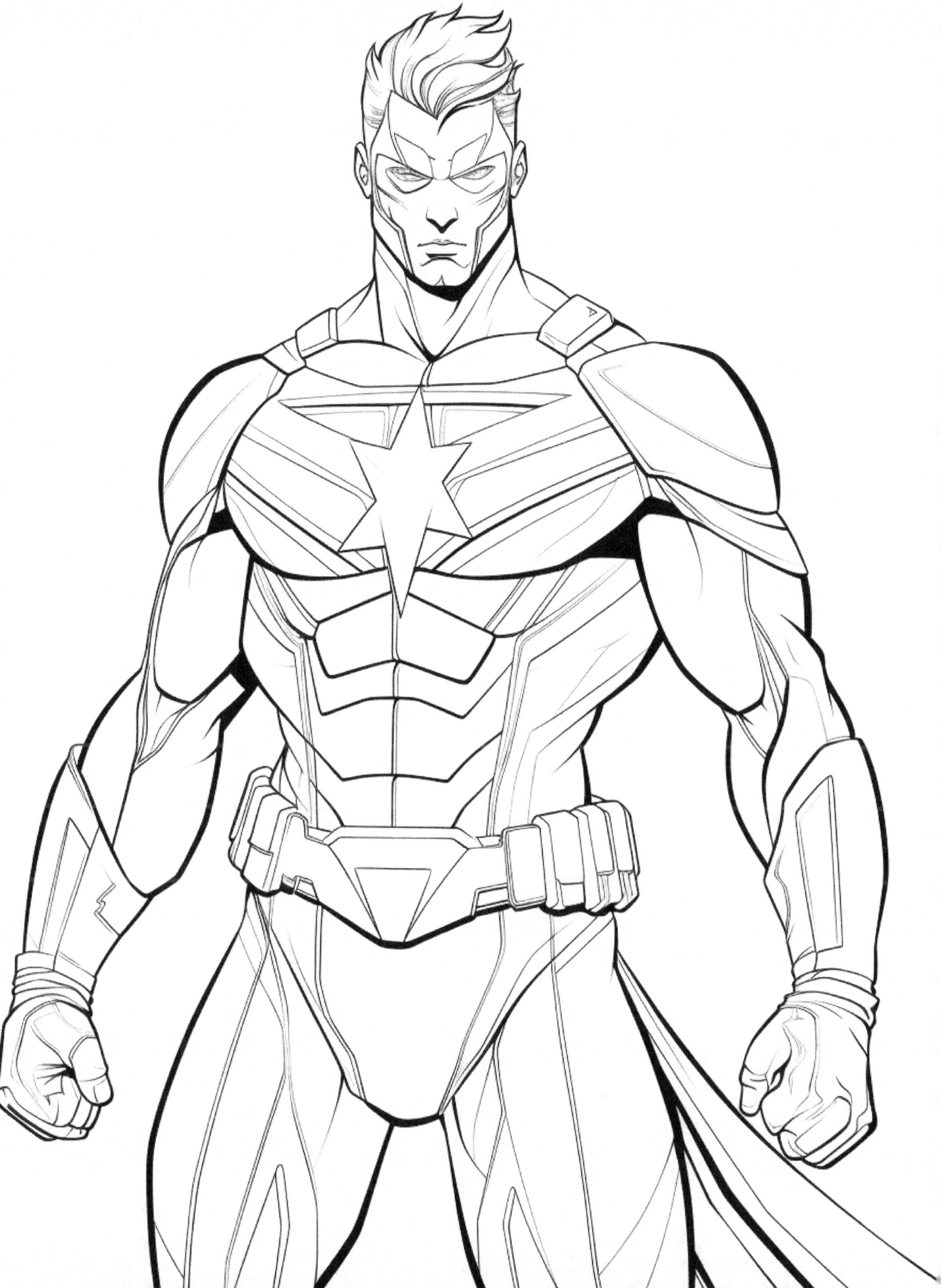

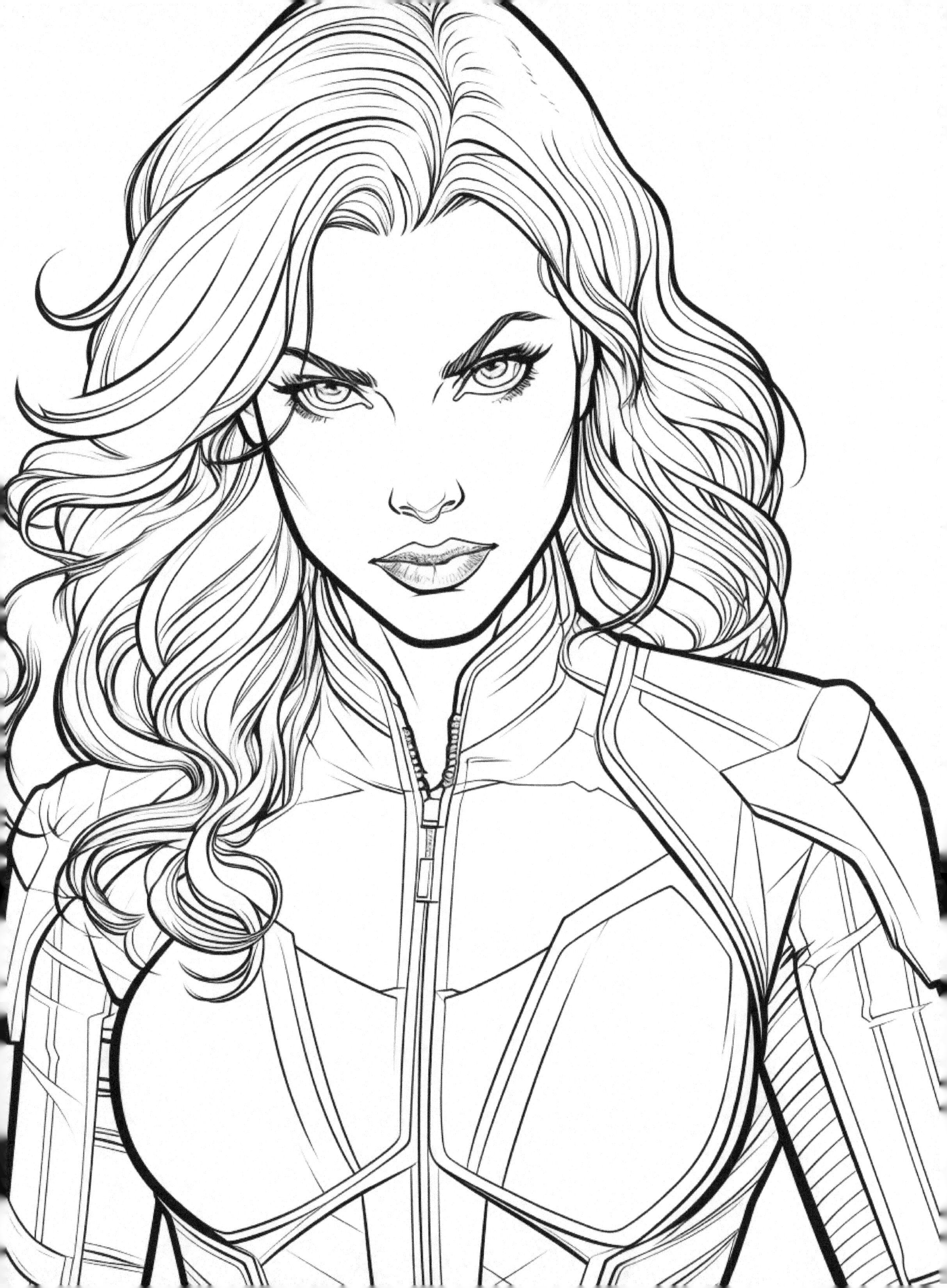

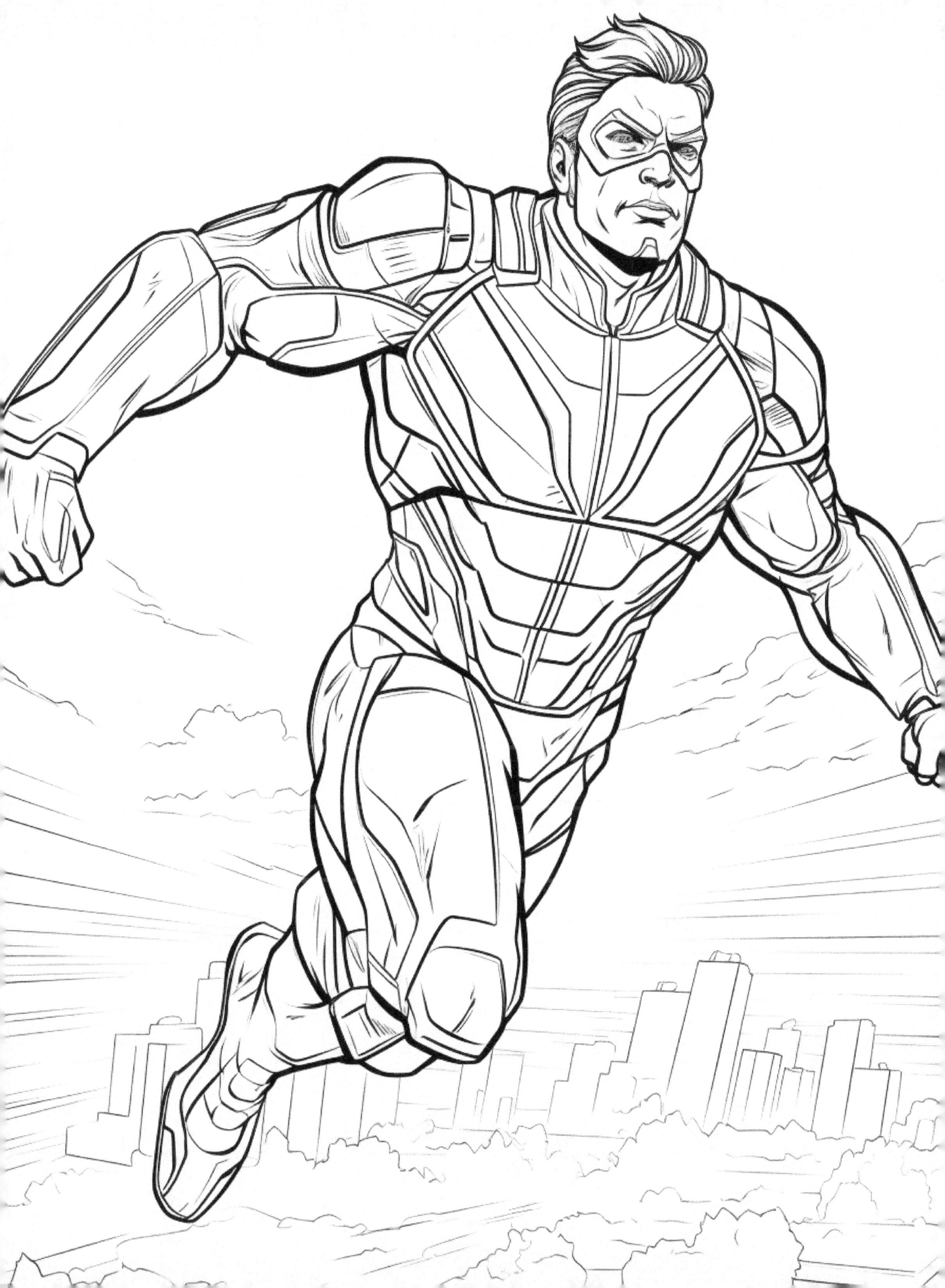

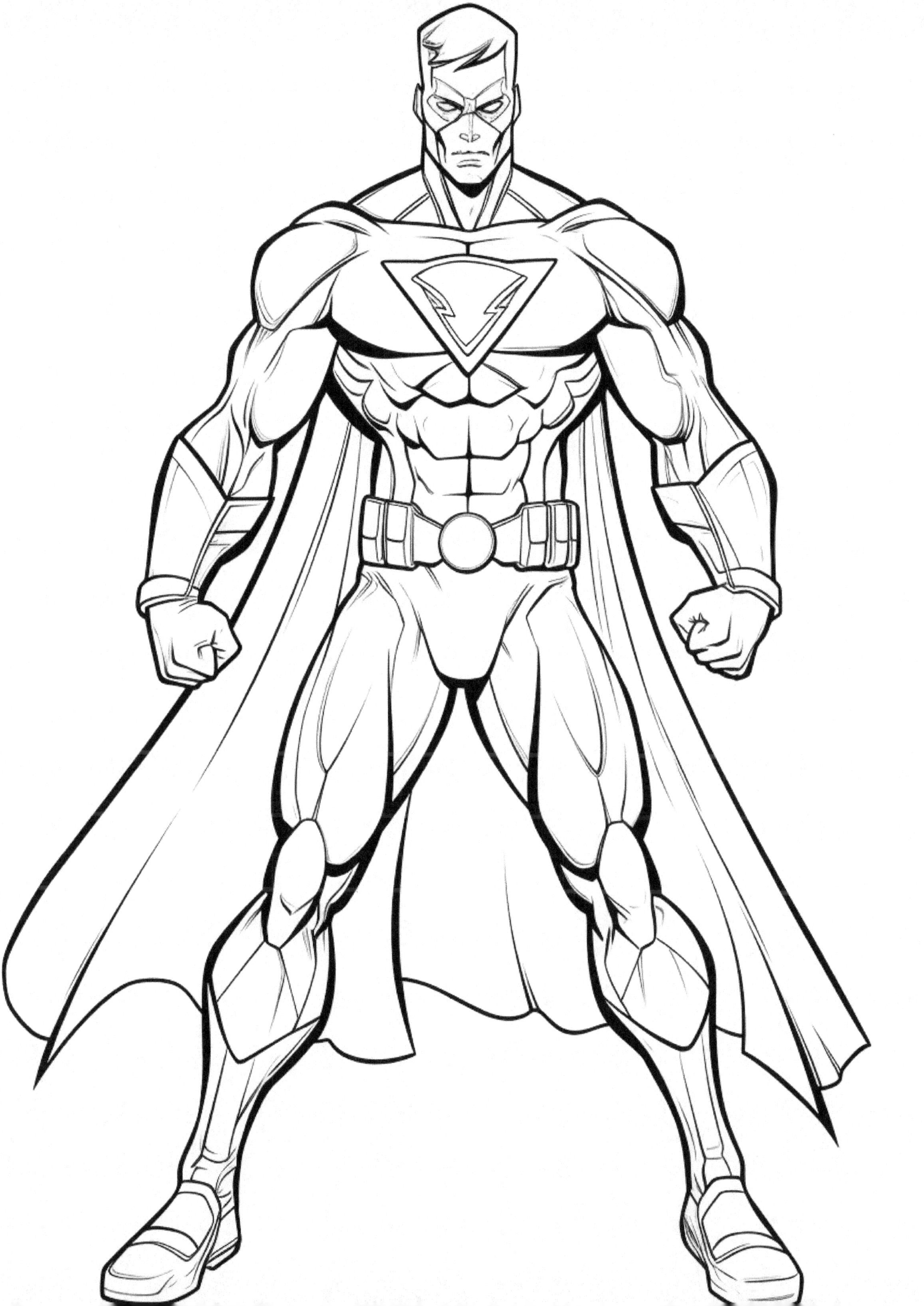

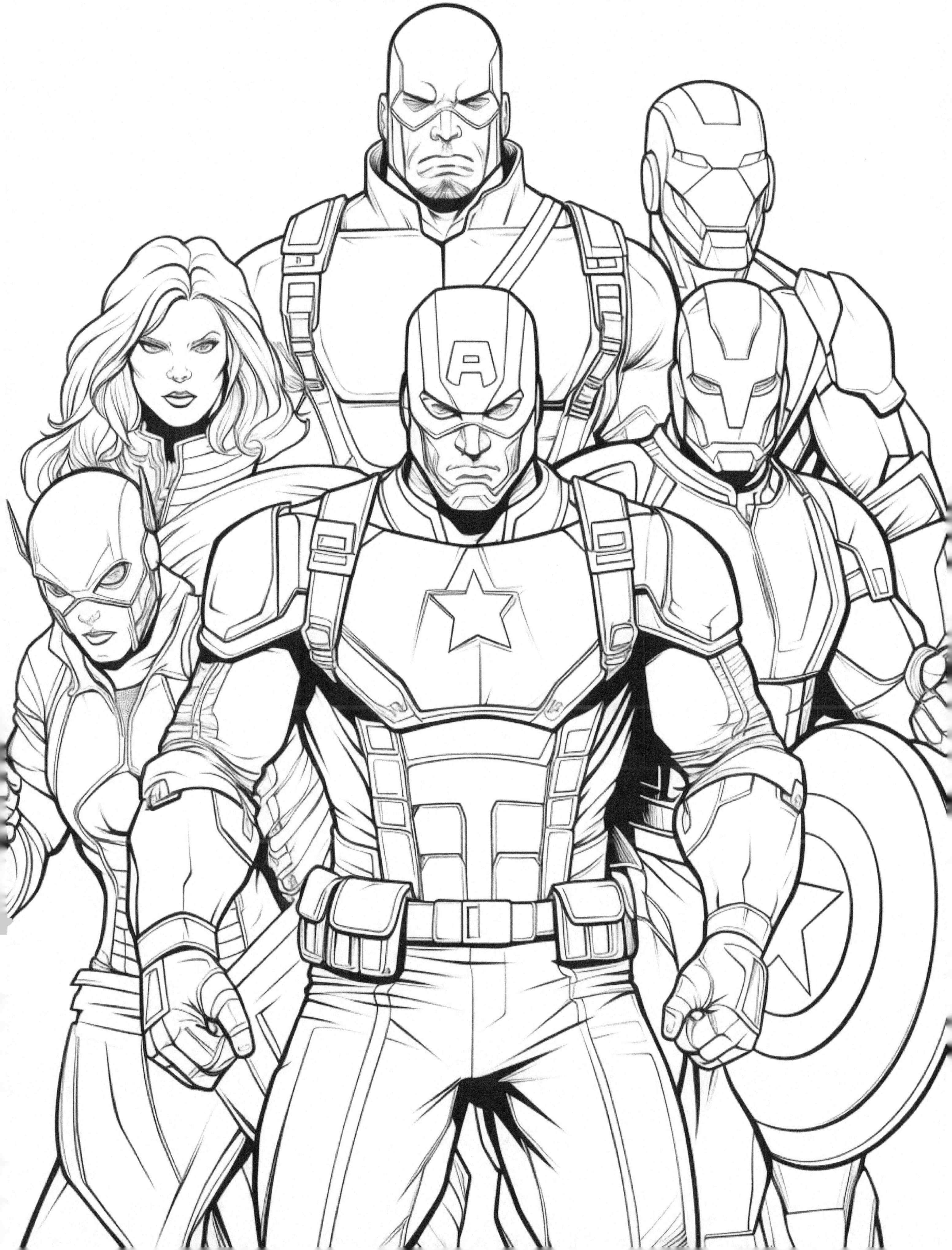

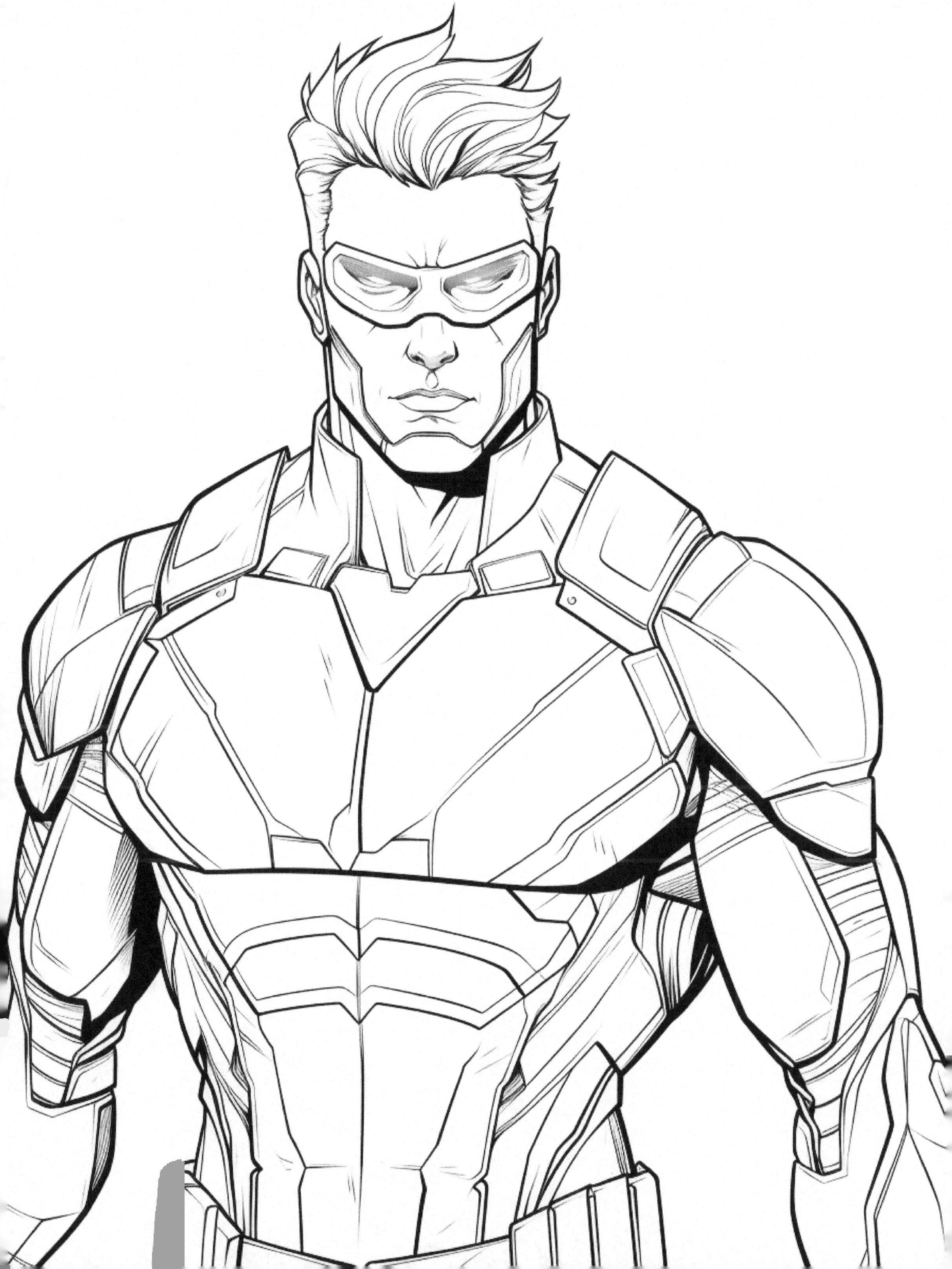

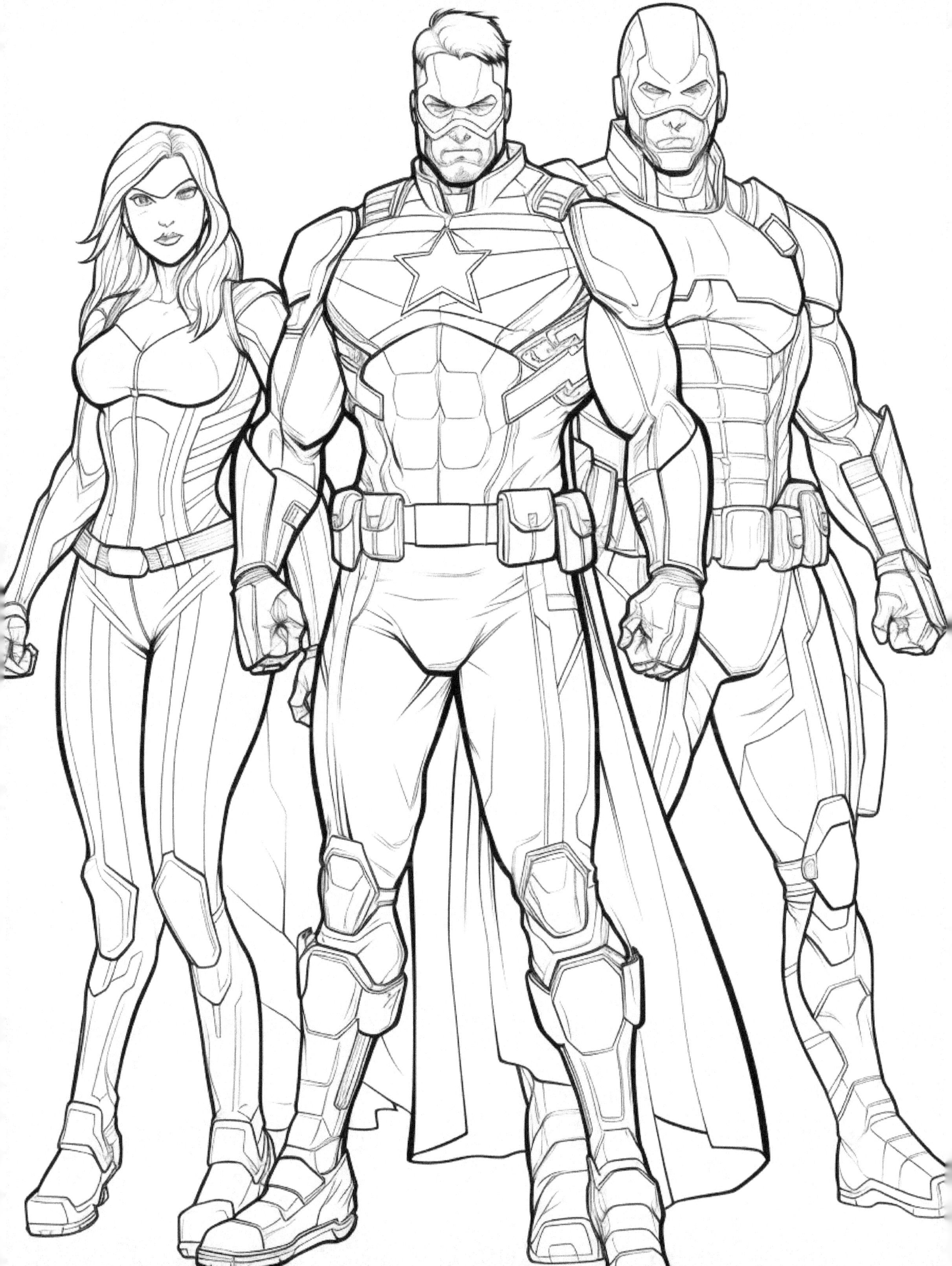

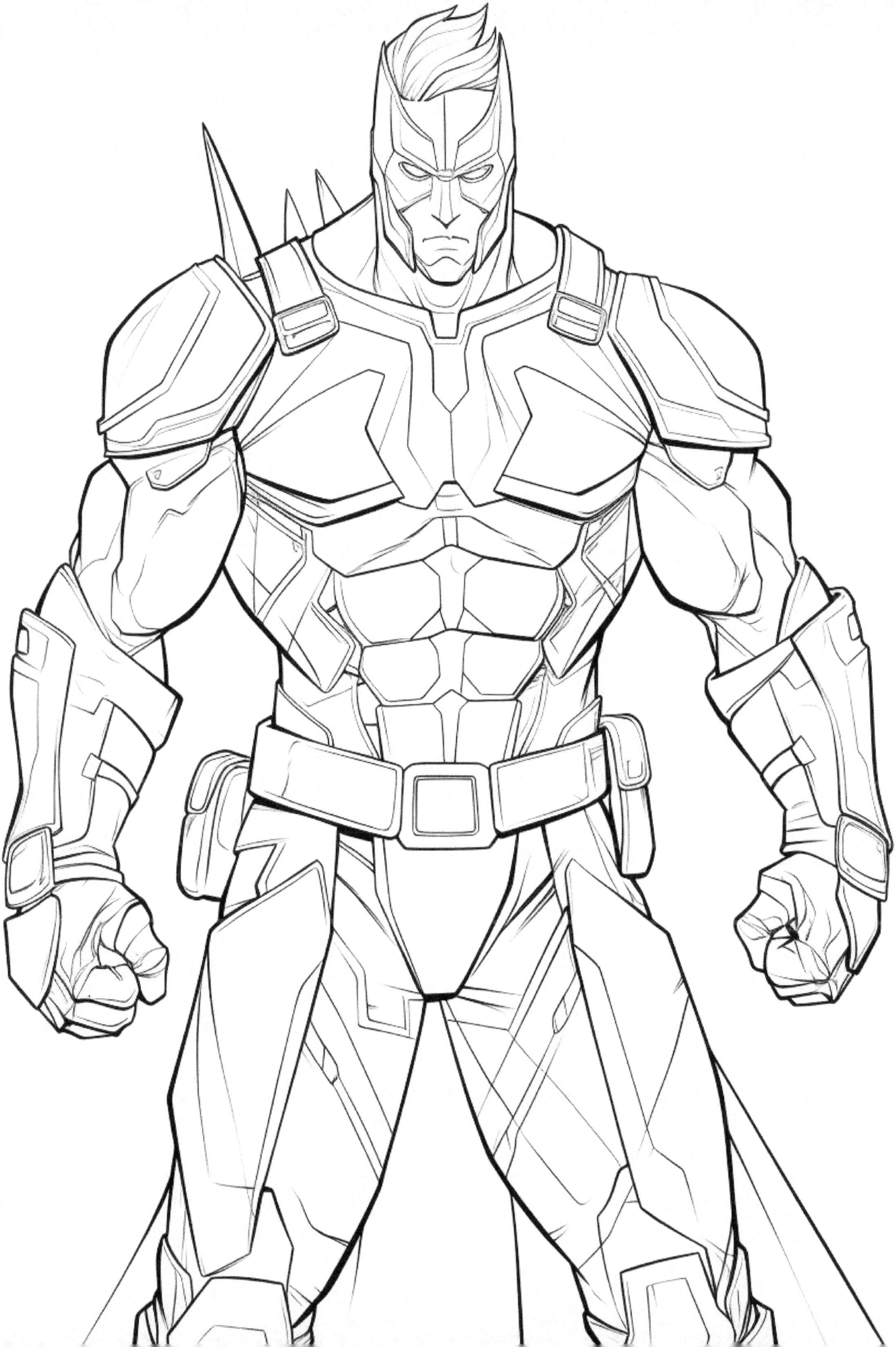

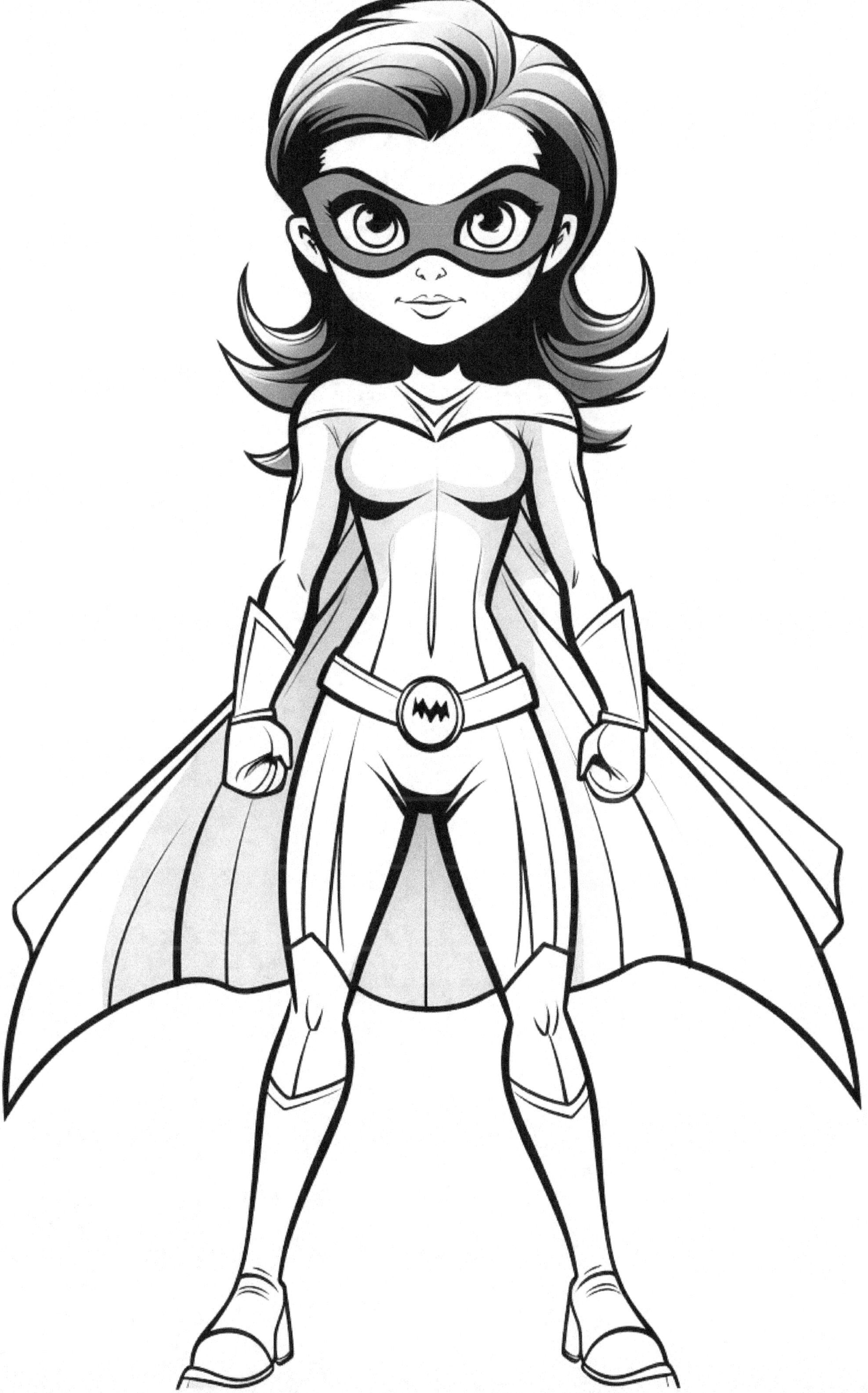

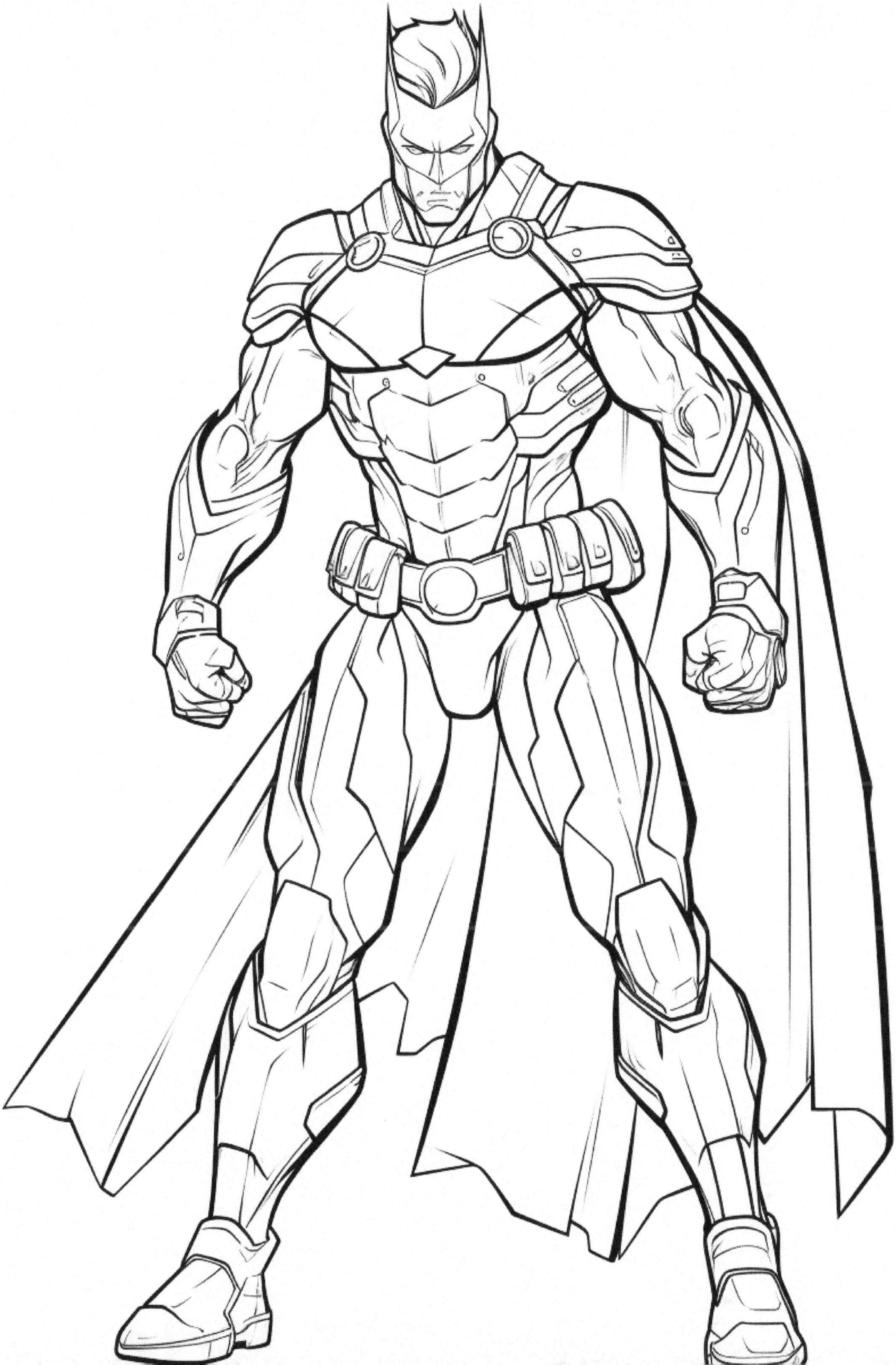

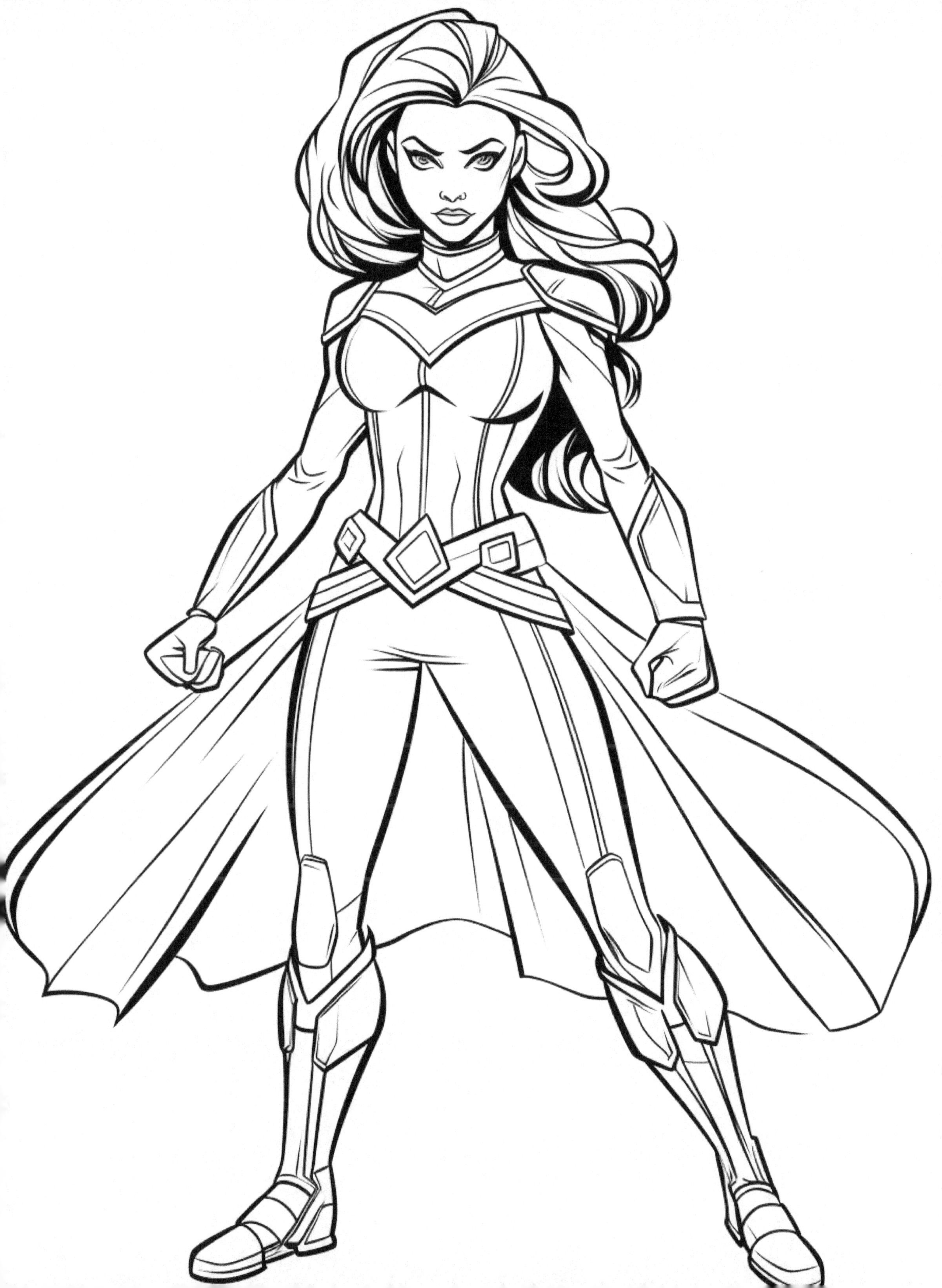

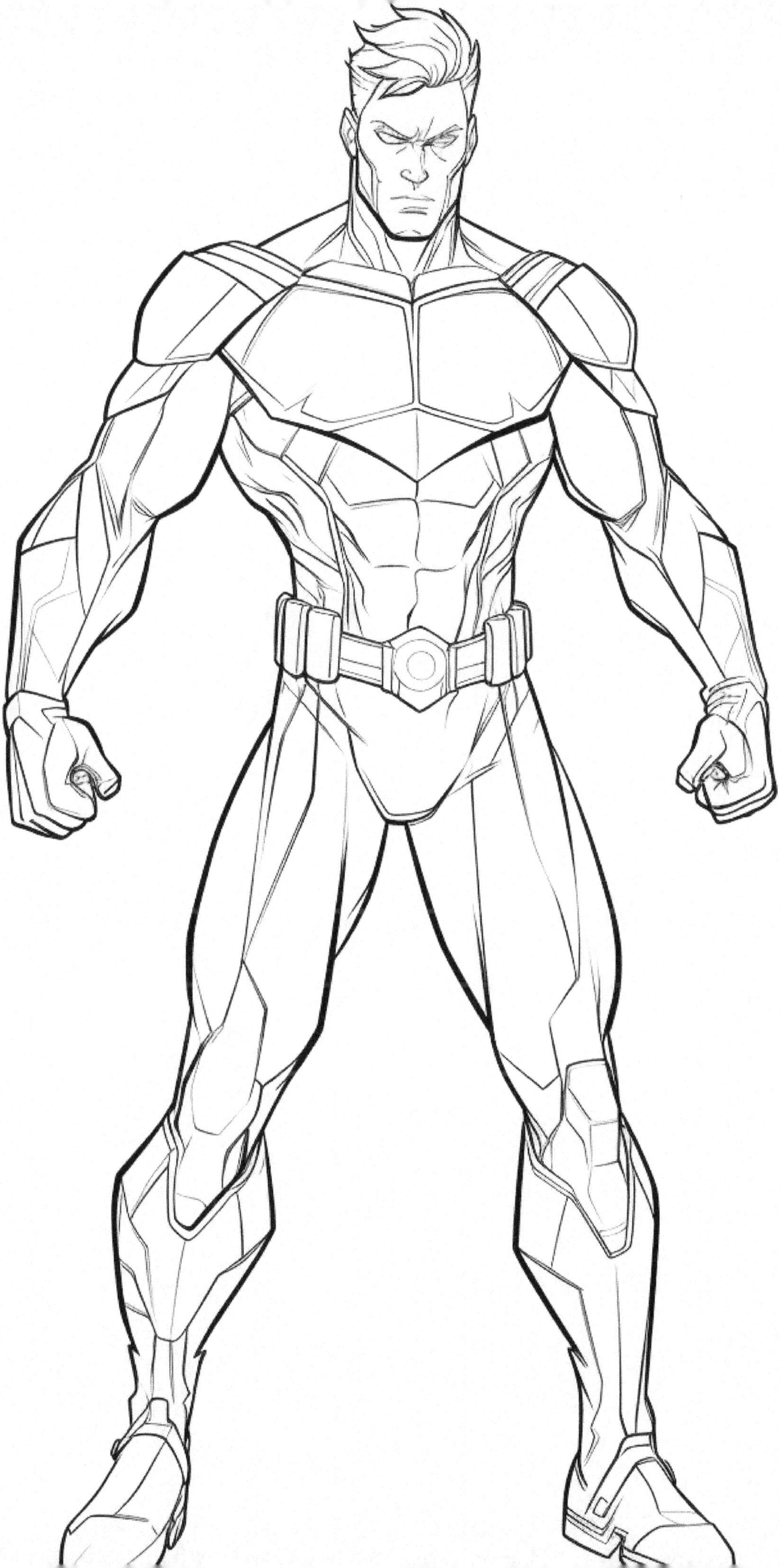

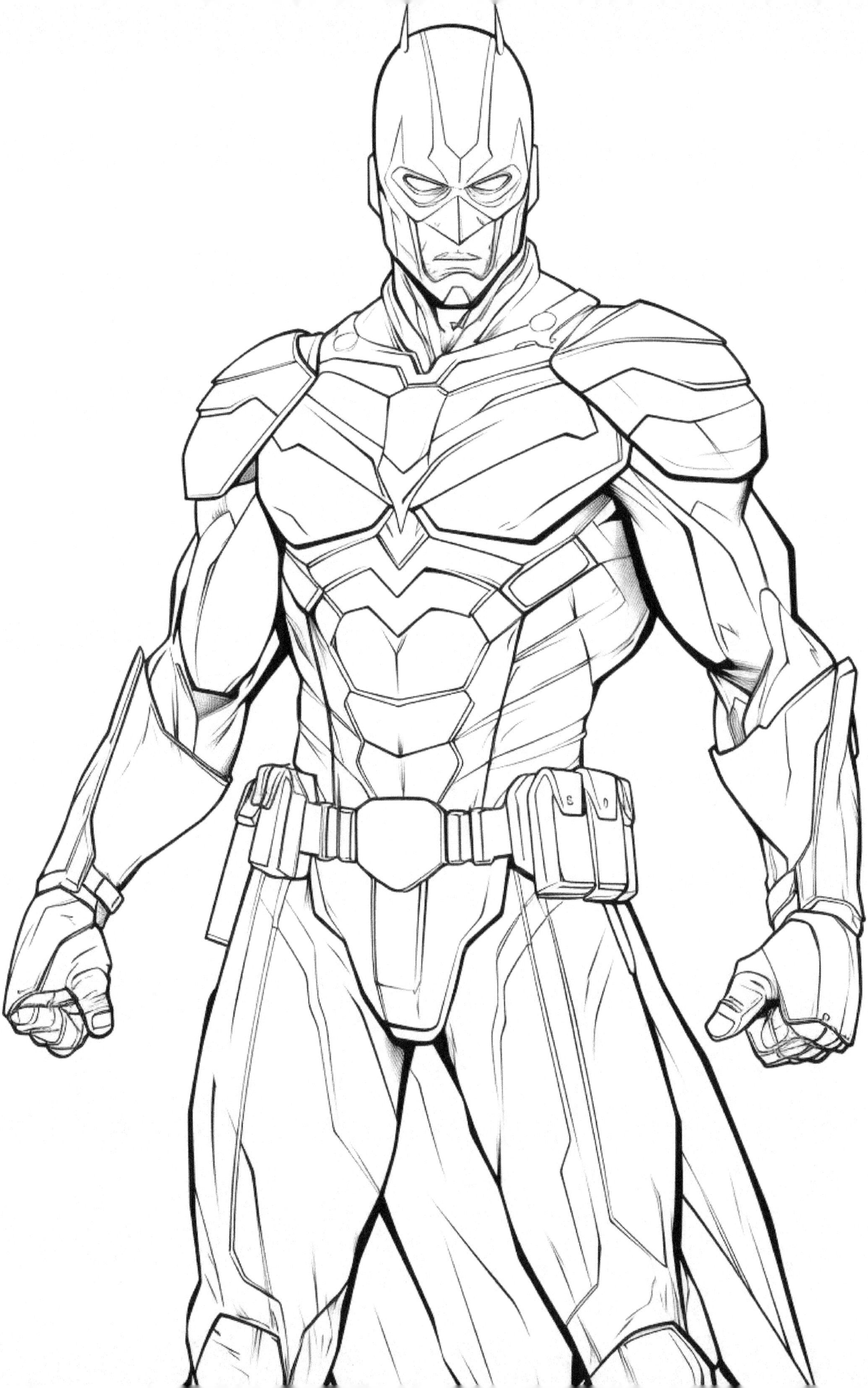

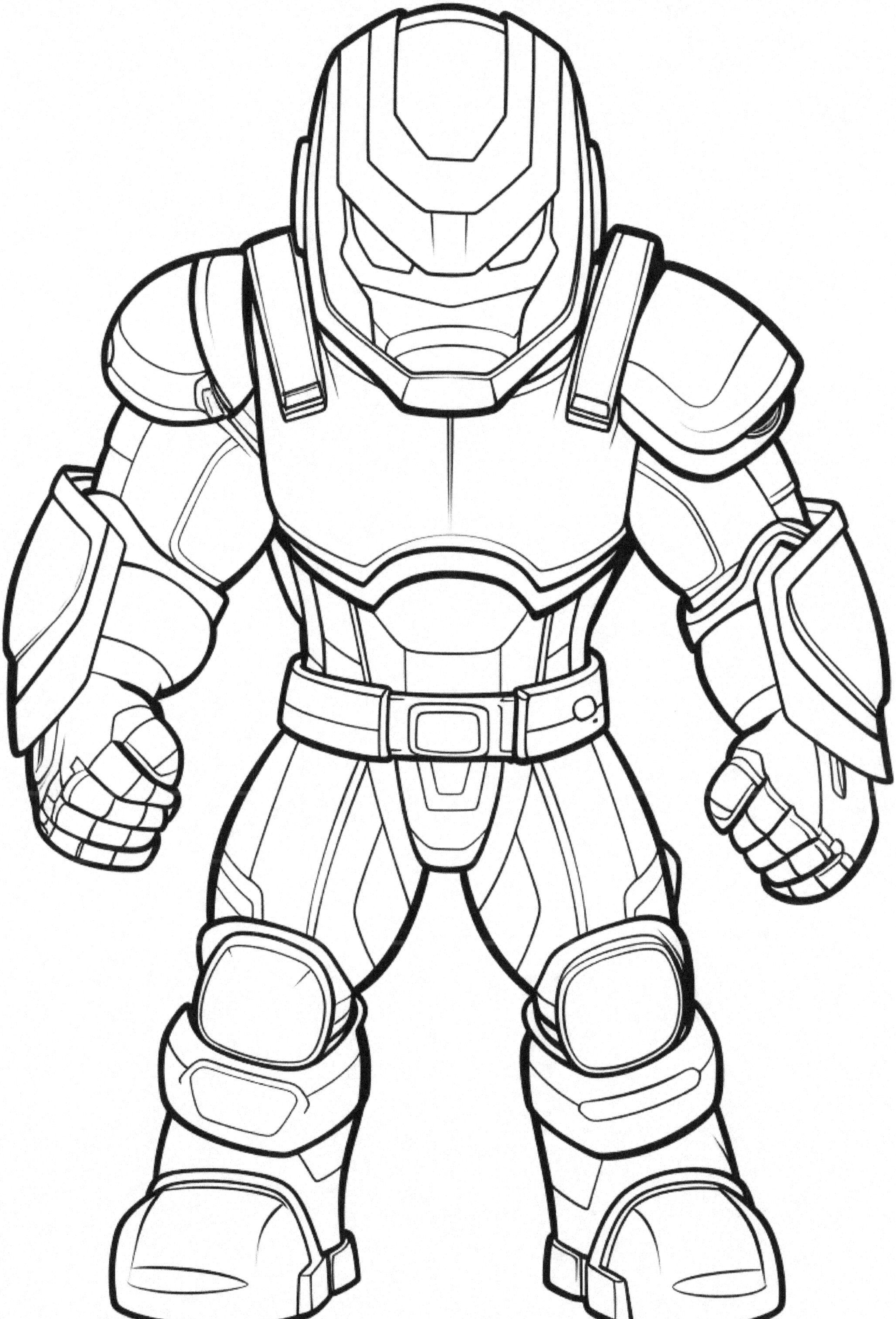

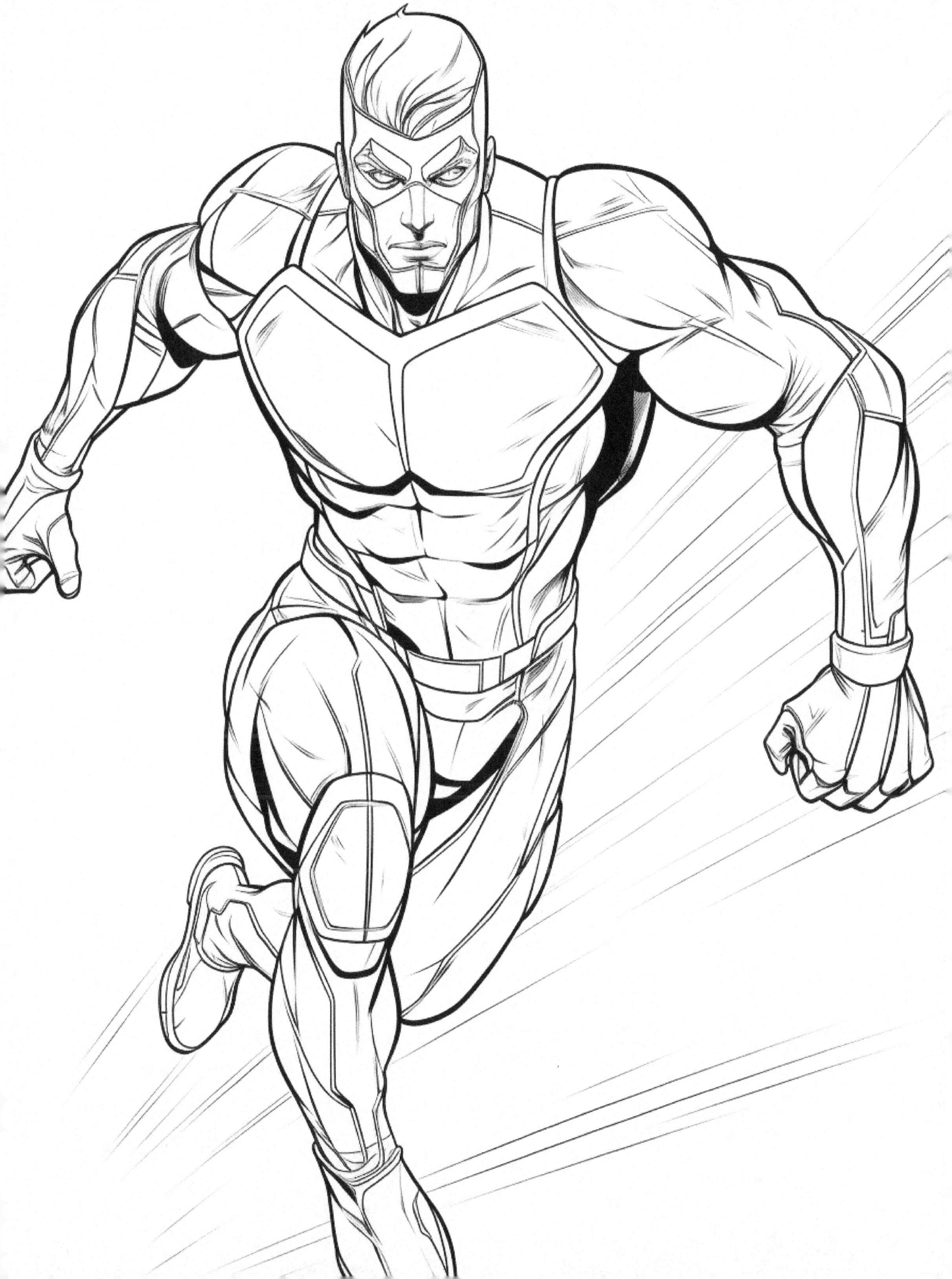

www.ingramcontent.com/pod-product-compliance
Lightning Source LLC
Chambersburg PA
CBHW082227290526
45794CB00009B/3704
* 9 7 9 8 8 5 8 1 6 1 1 3 4 *